DATE : / /

DATE : / /

DATE: / /

DATE : / /

DATE : / /

DATE : / /

DATE : / /

DATE : / /

DATE : / /

DATE : / /

DATE : / /

DATE : / /

DATE : / /

DATE : / /

DATE : / /

DATE : / /

DATE : / /

DATE : / /

DATE : / /

DATE : / /

DATE : / /

DATE : / /

DATE : / /

DATE : / /

DATE: / /

DATE : / /

DATE : / /

DATE : / /

DATE : / /

DATE : / /

DATE : / /

DATE : / /

DATE : / /

DATE : / /

DATE : / /

DATE : / /

DATE : / /

DATE : / /

DATE : / /

DATE : / /

DATE : / /

DATE : / /

DATE : / /

DATE : / /

DATE : / /

DATE : / /

DATE : / /

DATE : / /

DATE : / /